ANIMALS
That Make a Difference!

Ladybugs
Les coccinelles

Ashley Lee

e **Explore other books at:**
WWW.ENGAGEBOOKS.COM

VANCOUVER, B.C.

e WWW.ENGAGEBOOKS.COM

Ladybugs: Level 1 Bilingual (English/French) (Anglais/Français)
Animals That Make a Difference!
Lee, Ashley 1995 –
Text © 2021 Engage Books
Edited by: A.R. Roumanis
and Lauren Dick
Translated by: Amanda Yasvinski
Proofread by: Josef Oberwinzer

Text set in Arial Regular.
Chapter headings set in Arial Black.

FIRST EDITION / FIRST PRINTING

LIBRARY AND ARCHIVES CANADA CATALOGUING IN PUBLICATION

Title: Animals That Make a Difference: Ladybugs Level 1 Bilingual (English / French) (Anglais / Français)
Names: Lee, Ashley, author.

ISBN 978-1-77476-414-5 (hardcover)
ISBN 978-1-77476-413-8 (softcover)

Subjects:
LCSH: Ladybugs—Juvenile literature
LCSH: Human-animal relationships—Juvenile literature

Classification: LCC QL596.C65 L44 2020 | DDC J595.76/9—DC23

Contents
Table des matières

What Are Ladybugs?
Que sont les coccinelles ?

Ladybugs are a kind of beetle.
They are also called lady
beetles or ladybirds.
Les coccinelles sont une sorte de
coléoptère. Elles sont également
appelées des bêtes à bon Dieu.

Ladybugs are very helpful to people, other animals, and Earth.

Les coccinelles sont très utiles aux humains, aux autres animaux et à la Terre.

What Do Ladybugs Look Like?
À quoi ressemblent les coccinelles ?

Ladybugs are only 0.4 inches (1 centimeter) long. Most ladybugs are red, orange, or yellow. Some ladybugs have black or red spots.

Les coccinelles ne mesurent que 0,4 pouce (1 centimètre) de long. La plupart des coccinelles sont rouges, orange ou jaunes. Certaines coccinelles ont des taches noires ou rouges.

Ladybugs have feelers on their heads. They are used to smell, taste, and touch.

Les coccinelles ont des antennes sur la tête. Elles sont utilisées pour sentir, goûter et toucher.

A ladybug's front wings are hard and brightly colored. They protect the back wings.

Les ailes antérieures d'une coccinelle sont dures et de couleurs vives. Elles protègent les ailes postérieures.

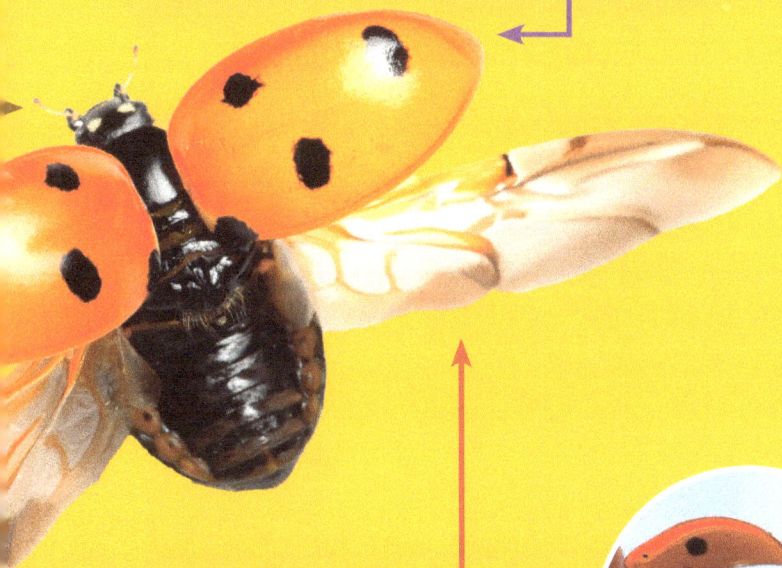

A ladybug's back wings are four times larger than their bodies. They stay folded under the front wings until it is time to fly.

Les ailes postérieures d'une coccinelle sont quatre fois plus grandes que leur corps. Elles restent pliées sous les ailes antérieures jusqu'à ce qu'il soit temps de voler.

Where Do Ladybugs Live?
Où vivent les coccinelles ?

Ladybugs live all over the word. They make their homes in trees, bushes, or gardens.

Les coccinelles vivent partout dans le monde. Elles font leurs maisons dans les arbres, les buissons ou les jardins.

Pink spotted ladybugs are found in the United States. Mexican bean beetles come from Mexico. Three-banded ladybugs are found in Europe.

Les coccinelles maculées se trouvent aux États-Unis. Les coccinelles mexicaines du haricot viennent du Mexique. On trouve des coccinelles à trois bandes en Europe.

Atlantic Ocean
L'océan Arctique

Europe
L'Europe

Europe
L'Europe

United States
Les États Unis

North America
L'Amérique du Nord

Atlantic Ocean
L'océan Atlantique

Asia
L'Asie

Africa
L'Afrique

Indian Ocean
L'ocean Indien

South America
L'Amérique du Sud

Mexico
Le Mexique

Pacific Ocean
L'océan Pacifique

Southern Ocean
L'océan Austral

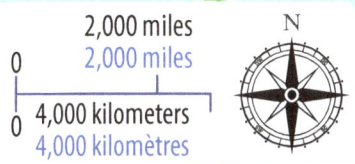

2,000 miles
2,000 miles
0
0
4,000 kilometers
4,000 kilomètres

N

What Do Ladybugs Eat?

Que mangent les coccinelles ?

Ladybugs eat smaller insects. Most ladybugs eat tiny insects called aphids. Les coccinelles mangent des insectes plus petits. La plupart des coccinelles mangent de minuscules insectes appelés pucerons.

Some ladybugs eat mushrooms or leaves.
Certaines coccinelles mangent des champignons ou des feuilles.

Ladybugs do not chew up and down. They chew side to side.
Les coccinelles ne mâchent pas de haut en bas. Elles mâchent côte à côte.

11

How Do Ladybugs Talk to Each Other?
Comment les coccinelles se parlent entre elles ?

Ladybugs make smelly chemicals called pheromones. They put these chemicals around their homes. The smell can attract other ladybugs or warn them of danger.

Les coccinelles fabriquent des produits chimiques malodorants appelés phéromones. Elles mettent ces produits chimiques dans leurs maisons. L'odeur peut attirer d'autres coccinelles ou les avertir du danger.

Ladybugs can release liquid from their legs. The liquid tastes very bad and warns larger animals not to eat them.

Les coccinelles peuvent émettre du liquide de leurs jambes. Le liquide a un très mauvais goût et avertit les gros animaux de ne pas les manger.

Ladybug Life Cycle
Cycle de vie de coccinelle

Ladybugs can lay hundreds of eggs at one time. Ladybug eggs hatch after 2 to 5 days.
Les coccinelles peuvent pondre des centaines d'œufs à la fois. Les œufs de coccinelle éclosent après 2 à 5 jours.

Baby ladybugs are called larvae. They look like tiny alligators.
Les bébés coccinelles sont appelés larves. Elles ressemblent à de minuscules alligators.

Larvae create hard shells around their bodies. Larvae in shells are called pupae. Pupae stay in their shells for about a week.

Les larves créent des coquilles dures autour de leur corps. Les larves dans les coquilles sont appelées pupes. Les pupes restent dans leur coquille pendant environ une semaine.

Ladybugs are adults when they crawl out of their hard shells. They live for 2 to 3 years.

Les coccinelles sont des adultes lorsqu'elles rampent hors de leur coquille dure. Elles vivent de 2 à 3 ans.

Curious Facts About Ladybugs

Ladybugs cannot fly in temperatures below 55° fahrenheit (13° celsius).
Les coccinelles ne peuvent pas voler à des températures inférieures à 55 ° Fahrenheit (13 ° Celsius).

Ladybugs hibernate during winter. This means they sleep until the weather gets warmer.
Les coccinelles hibernent en hiver. Cela signifie qu'elles dorment jusqu'à ce que le temps se réchauffe.

The spots on a ladybug fade as they get older.
Les taches sur une coccinelle se pâlissent avec l'âge.

16

Faits curieux sur les coccinelles

One ladybug will eat almost 5,000 insects during its life.
Une coccinelle mangera près de 5 000 insectes au cours de sa vie.

NASA sent ladybugs to space in 1999.
La NASA a envoyé des coccinelles dans l'espace en 1999.

Ladybugs beat their wings about 85 times every second when they fly.
Les coccinelles battent des ailes environ 85 fois par seconde lorsqu'elles volent.

17

Kinds of Ladybugs
Types de coccinelles

There are around 5,000 kinds of ladybugs. Some kinds of ladybugs have lots of spots. Some have no spots at all.

Il existe environ 5 000 sortes de coccinelles. Certains types de coccinelles ont beaucoup de taches. Certaines ne les ont pas du tout.

2-spot ladybugs are one of the most common ladybugs. They can be red with black spots or black with red spots. Les coccinelles à deux points sont l'une des coccinelles les plus communes. Elles peuvent être rouges avec des taches noires ou noires avec des taches rouges.

22-spotted ladybugs are yellow with black spots. They are one of the few ladybugs that eat mushrooms.

Les coccinelles à 22 points sont jaunes avec des taches noires. C'est l'une des rares coccinelles à manger des champignons.

Steelblue ladybugs only live in Australia and New Zealand. They do not have any spots.

Les coccinelles bleu-aciers ne vivent qu'en Australie et en Nouvelle-Zélande. Elles n'ont pas de taches.

How Ladybugs Help Earth
Comment les coccinelles aident la Terre

Aphids are tiny bugs that eat and poison plants. Ladybugs help get rid of aphids so plants can grow. Les pucerons sont de minuscules insectes qui mangent et empoisonnent les plantes. Les coccinelles aident à éliminer les pucerons afin que les plantes puissent pousser.

Ladybugs lay their eggs in areas with lots of aphids. Ladybug larvae eat the aphids when they hatch.

Les coccinelles pondent leurs œufs dans les zones avec beaucoup de pucerons. Les larves de coccinelles mangent les pucerons lorsqu'elles éclosent.

21

How Ladybugs Help Other Animals

Comment les coccinelles aident les autres animaux

Some farmers use chemicals to get rid of bugs that harm plants. These chemicals can make animals sick.

Certains agriculteurs utilisent des produits chimiques pour éliminer les insectes nuisibles aux plantes. Ces produits chimiques peuvent rendre les animaux malades.

Ladybugs eat these harmful bugs. This means farmers do not have to use as many chemicals.

Les coccinelles mangent ces insectes nuisibles. Cela signifie que les agriculteurs n'ont pas besoin d'utiliser autant de produits chimiques.

23

How Ladybugs Help Humans
Comment les coccinelles aident les humains

Aphids can destroy entire fields of food if left alone.

Les pucerons peuvent détruire des champs entiers de nourriture s'ils sont laissés seuls.

People would have a hard time growing food without ladybugs.

Les gens auraient du mal à cultiver de la nourriture sans les coccinelles.

Ladybugs in Danger
Les coccinelles en danger

The Asian ladybug was brought to North America from Asia by humans. They chase other ladybugs away from their homes.

La coccinelle asiatique a été amenée d'Asie en Amérique du Nord par les humains. Elles chassent les autres coccinelles de leurs maisons.

The nine-spotted ladybug has started disappearing. The Asian ladybug is eating all their food and taking over their homes.

La coccinelle à neuf points a commencé à disparaître. La coccinelle asiatique mange toute leur nourriture et prend le contrôle de leurs maisons.

How To Help Ladybugs
Comment aider les coccinelles

People are helping ladybugs by planting colorful flowers. This attracts ladybugs and gives them a safe place to live. Most ladybugs like marigolds, cosmos, and calendula.

Les gens aident les coccinelles en plantant des fleurs colorées. Cela attire les coccinelles et leur donne un endroit sûr où vivre. La plupart des coccinelles aiment les soucis, le cosmos et le calendula.

Many people build ladybug houses. This gives ladybugs a safe place to sleep.

Beaucoup de personnes construisent des maisons de coccinelles. Cela donne aux coccinelles un endroit sûr pour dormir.

Quiz
Quiz

Test your knowledge of ladybugs by answering the following questions. The questions are based on what you have read in this book. The answers are listed on the bottom of the next page.

Testez vos connaissances sur les coccinelles en répondant aux questions suivantes. Les questions sont basées sur ce que vous avez lu dans ce livre. Les réponses sont listées au bas de la page suivante.

1 Where do ladybugs make their homes?
Où les coccinelles habitent-elles?

2 What do ladybugs eat?
Que mangent les coccinelles?

3 How long do ladybugs live?
Combien de temps dure la vie d'une coccinelle?

4 What happens to a ladybug's spots as they get older?
Qu'arrive-t-il aux taches d'une coccinelle en vieillissant?

5 What are aphids?
Que sont les pucerons?

6 What flowers do most ladybugs like?
Quelles fleurs aiment la plupart des coccinelles?

Explore other books in the Animals That Make a Difference series.

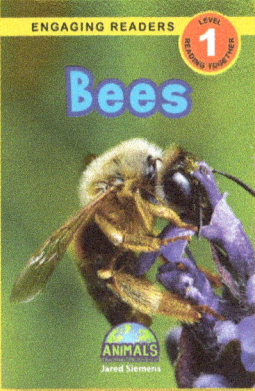

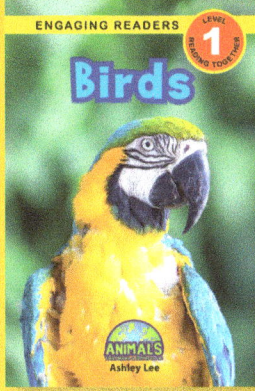

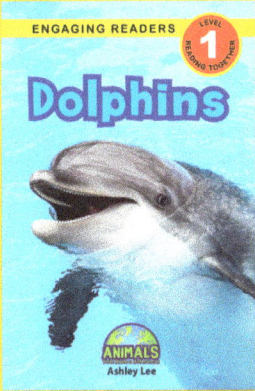

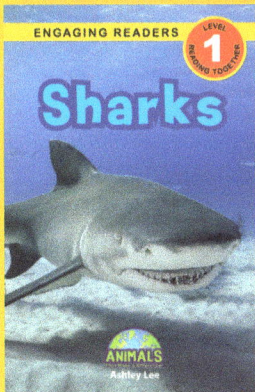

Visit www.engagebooks.com to explore more Engaging Readers.

Answers: 1. In trees, bushes, or gardens 2. Smaller insects, mushrooms, and leaves 3. 2 to 3 years 4. They fade 5. Tiny bugs that eat and poison plants 6. Marigolds, cosmos, and calendula

Réponses: 1. Dans les arbres, les buissons ou les jardins 2. Les petits insectes, les champignons et les feuilles 3. 2 à 3 ans 4. Elles se pâlissent 5. De minuscules insectes qui mangent et empoisonnent les plantes 6. Les soucis, le cosmos et le calendula

www.ingramcontent.com/pod-product-compliance
Lightning Source LLC
Chambersburg PA
CBHW051238020426
42331CB00016B/3426